La ferveur

Qu'est-ce que ça change ?

Collection dirigée par Carole Widmaier
et Marion Muller-Colard

Aller à l'essentiel sans s'embourber dans l'abstraction, penser sans tourner en rond, avec une ligne de départ et une ligne d'arrivée, un avant et un après : voilà l'expérience de lecture proposée par la collection *Qu'est-ce que ça change ?*

Tenant compte à la fois de la crise de la disponibilité, de la défiance à l'égard des intellectuel.le.s et de la belle persistance à vouloir penser par soi-même et avec d'autres, *Qu'est-ce que ça change ?* propose de petits livres solides, appétissants, accessibles et originaux portés par des auteur.e.s habiles, incarné.e.s, soucieuses et soucieux de partage et de transformation.

François Ansermet, *L'origine*, 2024
Alexis Jenni, *Le cerveau*, 2024
Nathalie Sarthou-Lajus, *La ferveur*, 2024
Ingrid Thobois, *La maternité*, 2024
Carole Widmaier, *La promesse*, 2024

Nathalie Sarthou-Lajus

La ferveur

Qu'est-ce que ça change ?

LABOR ET FIDES

Les Éditions Labor et Fides
ont bénéficié d'une bourse d'aide à un projet d'édition
du Département de la cohésion sociale de la République
et canton de Genève pour la création de la collection
Qu'est-ce que ça change ?

*Les Éditions Labor et Fides sont subventionnées
par la République et canton de Genève,
et bénéficient d'un soutien structurel
de l'Office fédéral de la culture pour les années 2021-2024.*

ISBN 978-2-8309-1843-4

1, rue Beauregard, CH – 1204 Genève
Tél. +41 (0)22 311 32 69
Fax +41 (0)22 781 30 51
E-mail : contact@laboretfides.com
Site Internet : www.laboretfides.com

La philosophie ne parle guère de la ferveur. C'est davantage sous la plume des poètes et des auteurs spirituels que l'on trouve cette émotion intense. C'est que la ferveur n'est pas une pensée mais un phénomène physique et affectif au pouvoir mystérieux: une flamme qui emporte la personne tout entière et de proche en proche toute une assemblée. Elle n'est pas uniquement présente dans la piété populaire ou dans des expériences mystiques extraordinaires. Il suffit d'aller dans des stades, dans des arènes, dans des salles de concert et de théâtre, dans des fêtes qui ont dû garder quelques traces archaïques ou tout simplement dans des rues de Séville quand différents quartiers de la ville s'animent au rythme des chanteurs et des danseurs de flamenco, pour retrouver des impressions de cet enthousiasme presque religieux.

Faut-il être bien accablé ou mélancolique pour ressentir le besoin de retrouver aujourd'hui le sens de la ferveur, et se demander ce que le monde serait si elle venait à disparaître, ce que nous deviendrions nous-même si jamais elle nous quittait ?

Nous sommes en effet dans une époque d'étrange accablement, qui non seulement ne désigne plus aucune ferveur, mais qui, comme par crainte d'être dupe, suspecte la ferveur de bien des maux ; qui n'attend plus aucune transformation radicale de sa situation, et qui semble se résigner devant le pire, en tirant une sorte de morgue de son impuissante lucidité. La ferveur est soit moquée comme une exaltation puérile, soit critiquée comme dangereuse, identifiée à une forme de fanatisme ou d'idolâtrie qui aliène.

Je fais pourtant l'hypothèse que la ferveur est porteuse d'une démesure vitale et que celle-ci est une énergie tournée vers l'amour, vers la joie, vers la création. Elle s'oppose à la tiédeur ou à la modération, comme à la froideur ou à l'indifférence. Sans ferveur, on risque l'apathie, le cynisme ou la mélancolie – l'incapacité d'agir, de croire et d'aimer. Nous ne sommes jamais certains de parvenir à nous extraire de tels marécages. Mais il suffit de nous demander ce que le monde serait sans ferveur, pour comprendre la fonction pratique de la ferveur comme soutien de l'action individuelle et collective.

La ferveur a fait une entrée remarquée en littérature en 1897 avec *Les nourritures terrestres* d'André Gide, qui deviendra dans les années 1920 un livre culte pour toute une génération désireuse d'oublier les souffrances de la Grande Guerre et de renouer avec l'appétit de vivre. Dans une époque corsetée par les contraintes morales et puritaines, Gide y fait un vibrant éloge de la ferveur sous la forme d'un long poème en prose :

> « Ne me dites pas trop que je dois mon bonheur aux événements, évidemment ils me furent propices, mais je ne me suis pas servi d'eux. Ne croyez pas que mon bonheur soit fait à l'aide de richesses, mon

cœur sans nulle attache sur la terre est resté pauvre et je mourrai facilement. Mon bonheur est fait de ferveur. À travers indistinctement toute chose, j'ai éperdument adoré. »

L'adoration que Gide célèbre peut apparaître comme un amour excessif et suspect. Le poète y voit le meilleur antidote à la dépression qu'il a traversée. Comment satisfaire un désir d'absolu, comme étancher la soif d'exister ? Ce que Gide a compris, c'est que la ferveur est du côté d'une affirmation inconditionnelle de la vie, qui vaut aussi bien pour l'athée que pour le croyant. La ferveur dont il fait l'éloge est une ferveur de convalescent, une ferveur de survivant qui a traversé l'épreuve de la dépression et qui veut continuer à vivre sans se laisser aspirer par la mélancolie. Il fait le choix d'une vie placée sous le signe incandescent de la ferveur ; mais sans idéalisation, car il la sait vulnérable et mortelle ; et sans résignation, car il sait qu'elle peut se relancer et l'emporter de nouveau.

La philosophie a peu réfléchi sur la ferveur en tant que telle, même si on en trouve quelques traces lumineuses. Sans doute qu'elle la considère comme l'expression d'une émotion intense ou mystique qui échappe à son souci théorique. Il n'y a pas de doctrine de la ferveur comme il y a une pensée de la joie. Cependant, la philosophie a longuement médité sur la capacité de l'âme à sortir d'elle-même dans l'enthousiasme, l'élan vital, l'amour ou la responsabilité la plus haute, jusqu'à l'égarement et la perte de soi. Elle s'est interrogée à la manière de Pascal sur « ce qui en l'homme passe infiniment l'homme », sur ce qui l'emporte au-delà d'un rationalisme étriqué. L'originalité d'un philosophe tel que Bergson est que ce qu'il appelle « la ferveur religieuse » n'est pas un objet de réflexion complètement marginal, mais devient le cœur battant de sa dernière œuvre. Dans *Les deux sources de la morale et de la religion*, il reconsidère la ferveur en s'intéressant à l'expérience mystique du divin. Il y voit une source de dynamisme spirituel qu'il oppose à l'inertie :

> « Une énergie sans bornes assignables, une puissance de créer et d'aimer qui passe toute imagination. »

Au lendemain de la guerre de 1914-1918, vécue comme une catastrophe civilisationnelle, on comprend que cette énergie spirituelle ait été nécessaire à l'humanité pour se transformer. Un siècle plus tard, alors que l'humanité se sent menacée par des déséquilibres écologiques d'une ampleur inédite, n'est-il pas urgent d'entendre l'appel à plus de ferveur ? À chaque traversée des catastrophes, il est nécessaire de mobiliser la ferveur pour ne pas céder au sentiment d'impuissance qui nous étreint face au terrible pouvoir de l'humanité de se détruire ou de se laisser emporter par une logique de mort et de destruction.

La ferveur manque ou surabonde, inusable chez certains jusque dans le grand âge, leur conférant ce regard qui brille d'une inaltérable jeunesse. Les amoureux fervents, tout enivrés de leur passion, irritent et suscitent l'envie de ceux qui en manquent. Il y a une certaine indécence à afficher un enthousiasme excessif devant ceux qui n'en éprouvent aucun et regardent passer les plats de la vie avec indifférence ou dégoût. La ferveur a partie liée au désir, non de tel ou tel objet, mais au désir d'absolu qui sollicite le corps et l'âme. Elle distingue l'appel à une vie plus pleine et imprévisible sous l'ordre routinier des choses, l'appel à une vie surabondante : elle met en jeu la capacité à s'abandonner à ce surcroît de vie ; de là aussi, ses possibles aveuglements et égarements.

Si la ferveur a une dimension religieuse incontournable, la religion est loin d'avoir le monopole de la ferveur. Même par temps d'apathie ou de cynisme dominant, l'amour, l'art, le sport, mais aussi la politique, la recherche scientifique, continuent d'entretenir avec la ferveur un rapport fécond et risqué. Car dans tous ces différents domaines, la ferveur est porteuse d'une démesure, d'une manière lyrique de sentir où la personne est comme soulevée, portée à un point d'incandescence de la vie. Faut-il voir dans cette démesure une exaltation un peu vaine, une sorte d'opium qui conduit à une idéalisation dangereuse et toxique ? Ou bien l'expression d'une dynamique pour nous élever au-dessus de nous-mêmes et de nos petitesses ?

Ce que change la ferveur, c'est l'apport d'une démesure vitale dont précisément nous avons besoin si nous voulons vivre et accroître nos capacités d'agir, d'aimer ou de croire. Cette part de démesure n'est pas sans risque de bascule à l'occasion des possibles dérives de la ferveur qui ont conduit à ce qu'elle soit souvent déconsidérée ou perçue comme une folie dangereuse.

La flamme

Une ébullition

La ferveur est la vie portée à son point d'ébullition, la vie incandescente. Cette vitalité bouillonnante s'accompagne de toutes les formes possibles d'élan, d'enthousiasme, de passion avec des risques de débordement, d'égarement et de délire. C'est sur cette ligne de crête que se tient la ferveur, son intensité émotionnelle témoigne d'une vitalité psychique et comprend également un versant pathologique.

Dans le langage poétique et mystique de Jean de la Croix, la flamme est la métaphore de l'intensité de vie la plus haute qu'une âme peut atteindre. Elle renvoie au buisson ardent qui brûle en se consumant lui-même, sans avoir besoin de combustible extérieur. L'âme amoureuse est comparée à une flamme qui brûle et se consume d'elle-même. Selon Jean de la Croix, toutes les âmes sont appelées à cette forme d'amour la plus élevée et la plus généreuse.

Le français conserve du latin *fervor*, qui signifie « bouillonnement, chaleur, ardeur », son sens figuré pour parler de l'enthousiasme dans le domaine religieux. Puis dans la langue du XVIIe siècle, la ferveur désigne plus spécifiquement une passion tournée vers le bien : « Action empressée qu'on a pour faire quelque bonne œuvre. » L'impétuosité du désir à agir et à faire le bien. La ferveur est donc une passion positive, distincte de l'ardeur guerrière ou de la fureur destructrice. Alors que l'ardeur est également une fièvre intense qui brûle et consume, renvoyant tout aussi bien au buisson ardent qu'au feu de l'enfer, la ferveur est davantage porteuse d'une démesure vitale.

Si on a besoin d'elle pour durer, la ferveur ne s'inscrit pas elle-même dans la durée. Elle n'advient qu'en de brefs moments mais qui sont d'une telle intensité qu'on leur accorde une réalité supérieure à d'autres expériences.

Elle désigne d'abord une émotion où le corps parle sans pouvoir faire l'objet d'un discours articulé puisque « ça chauffe » et « ça brûle ». Cette sensation d'échauffement et de brûlure est tout à la fois ressentie comme ce qui donne à la vie son intensité et ce qui blesse par cette intensité même. Ses antonymes, l'apathie ou la froideur, disent l'incapacité de sentir et d'agir, la vie gelée et rétractée, une anesthésie des émotions.

Comme le feu, la ferveur est ambivalente. Deux dangers la guettent : son extinction et son embrasement. Ainsi avec l'extinction de la ferveur, l'épuisement de la vie menace. Il n'y a plus que la répétition pauvre et monotone des jours. La dépression nous guette. Nous voici abattus, privés de ressort, incapables de rebonds. « La mélancolie n'est que la ferveur retombée », écrit Gide dans *Les nourritures terrestres*. L'incendie qui détruit tout et ne laisse plus que des cendres après son passage est l'autre manifestation apparemment mortifère de la ferveur. Apparemment, car les cendres sont aussi fertilisantes et font partie du processus de régénération de la vie. C'est une propriété du vivant d'aller au-delà des destructions causées par un incendie. Le vivant a intégré cet événement et est capable sur une longue durée de germer et de recoloniser les zones brûlées. Le vivant est lié à la symbolique du feu, jusque dans le mouvement et l'embrasement. Pas de vie sans flamme. Et pas de ferveur non plus.

La ferveur est certes une flamme intense mais fragile, elle ne constitue pas une force inaltérable. Il est parfois nécessaire de faire l'expérience de sa retombée et de sa perte, pour qu'elle ne se détériore pas en fébrilité ou en violence dans une sorte d'intransigeance et de rage destructrice. Elle doit composer avec ce qui n'est pas elle, avec la froideur, avec la mélancolie, pour se renouveler et demeurer féconde. Elle peut ainsi réintégrer ce qui en elle tend vers le débordement et l'éclatement. C'est essentiellement à l'ombre du cœur de chacun que se livre ce combat de la ferveur entre désir et mélancolie, entre élan vital et rage destructrice. La dénégation de la mélancolie et des forces destructrices, sous la forme d'une exaltation aussi creuse que vaine en faveur de la vie, est le noyau dur de l'illusion de la ferveur.

Un élan

De quel élan, de quel désir la ferveur est-elle le nom ? La ferveur est soif brûlante de vivre. La soif est l'expression d'un désir élémentaire, dont le sein maternel est sans doute le premier apaisement. La soif n'est pas seulement une métaphore du désir, mais sa manifestation organique la plus évidente. Une soif fondamentale, nourricière et relationnelle, avec sa dimension d'avidité insatiable. Ce désir originaire, auquel la psychanalyse a donné le nom d'oralité, est la première forme que prend le désir. L'expression psychanalytique, « stade oral », laisse entendre qu'il faudra laisser derrière soi cette première forme du désir pour accéder à la maturité, sous peine de se condamner à des régressions infantiles. Je préfère parler d'une expérience fondatrice qui marque et colore à jamais le désir, sa nécessité impérieuse et sa démesure. La soif est désir qui passe par la bouche pour irriguer tout le corps, comme une ouverture première sur la source de vie. Il suffit d'habiter un pays de vignes pour comprendre l'enthousiasme que suscite la promesse du vin nouveau, vin d'évangile coulant à flots pour les noces de Cana. Ce qui caractérise cet enthousiasme enivrant n'est pas tant la sensation d'une plénitude que celle d'une surabondance.

Lorsque Pascal écrit « l'homme passe infiniment l'homme », que dit-il ? Il n'y a d'accomplissement pour l'homme que dans un dépassement de lui-même. La ferveur est le nom de ce dépassement de soi par cette ouverture à une transcendance qui brise la clôture de l'individu sur lui-même. Cette dynamique est vertigineuse. Elle est le signe d'une démesure inscrite dans le cœur de l'homme. Elle parvient à son intensité la plus haute en se confrontant à la radicalité éthique, esthétique et mystique. La ferveur peut s'appliquer à des élans qui n'ont rien à voir avec la foi strictement religieuse, mais qui en conservent la dimension sacrée et infinie. Le danger d'idolâtrie ou d'idéalisation les guette, tout autant que celui de l'épuisement et de la mélancolie, je l'ai dit. Mais ce sont là aussi les risques de l'amour. La peur de se faire avoir quand on est pris par cet élan de ferveur est source d'un doute anxiogène qui peut paralyser et souffler toute espérance.

La ferveur est un élan vers, concentrée sur ce mouvement, cette poussée qui porte l'homme en avant, au-delà de lui-même. Cet élan est contagieux, il réveille et appelle d'autres élans. La ferveur rassemble car elle est communicative, généreuse, même si elle demeure le fait de singularités créatrices. D'où vient cet élan créateur qui nous libère des entraves et des pesanteurs de la matière ? Dans *Les deux sources de la morale et de la religion*, Bergson compare différentes polarités de forces : les unes sont statiques et enferment dans le clos (la conservation, le repli sur soi, l'isolement), les autres sont dynamiques et orientent vers l'ouvert, le dépassement de soi (la création, l'amour, l'intensification des échanges). Ces différentes polarités nous traversent. Le passage d'une société close à une société ouverte n'indique pas seulement un élargissement des esprits ou une augmentation en intensité des forces créatrices, mais un véritable saut d'ordre moral et spirituel : une manière pour Bergson d'opposer une religion ou une morale ouverte qui est celle de l'esprit, aux morales et aux religions fermées qui sont légalistes et littéralistes.

La ferveur est l'élan partagé par « les âmes qui s'ouvrent », héros spirituels et artistes, des singularités libérées des pressions sociales. Même au sein des pesanteurs instituées, c'est la responsabilité des individus créateurs de souffler sur les cendres et d'en raviver les braises. Bergson s'intéresse alors aux mystiques, en tant qu'ils sont les initiateurs de cette dynamique spirituelle qui parcourt toute la création mais à laquelle un grand nombre d'individus restent résolument fermés. La lecture de son ami William James est décisive pour saisir la vitalité créatrice de l'expérience mystique et vaincre les raidissements qu'elle suscite :

> « Nous baignons, d'après James, dans une atmosphère que traversent de grands courants spirituels. Si beaucoup d'entre nous se raidissent, d'autres se laissent porter. Et il est des âmes qui s'ouvrent

toutes grandes au souffle bienfaisant. Celles-là sont les âmes mystiques. »

La mystique n'intéresse Bergson qu'en tant que philosophie pratique, pour son action historique dans la transformation de l'humanité. À cet égard, la mystique chrétienne lui paraît plus complète en ce qu'elle unit contemplation et action : François d'Assise, Jean de la Croix, Thérèse d'Ávila sont des bâtisseurs, loin de l'image que l'on se fait du mystique contemplatif. Ils n'ont pas vécu exclusivement une vie de prière et de méditation. Loin de manifester un désintérêt pour l'action, ils ont déployé une activité intense dans la construction de monastères, la fondation d'ordres nouveaux, l'organisation de la vie communautaire, l'écriture épistolaire ou de leur journal spirituel. Cette activité intense est le signe d'une vitalité psychique, quand l'inaptitude à l'action témoigne d'un épuisement de l'élan vital.

La ferveur est ainsi un élan vital créateur qui prédomine dans l'expérience mystique. Mais mon hypothèse est que tout sentiment intense, toute émotion forte comporte quelque chose de religieux, et j'entends ici par religieux non pas les différentes institutions confessionnelles ou systèmes de croyances, mais ce qui porte l'humain au-delà de lui-même. Cet élan est certes paradoxal : il nous fait sortir de nous-même et dans ce mouvement d'ouverture qui pousse à l'abandon de soi, il nous accroît et nous singularise, au risque de nous faire perdre le contrôle de nous-même et jusqu'au sentiment de notre individualité. Comment sauver ce qui dans cet élan ouvre l'homme à une dimension de l'absolu, à ce qui fait la vitalité d'un acte d'amour, d'un acte de foi ou de création, sans qu'il s'égare ? Tout se joue dans l'interprétation de cette sortie hors de soi, comme libre abandon ou comme possession, comme élargissement de soi ou comme aliénation. Lors de ce mouvement de sortie hors de soi, la ferveur est susceptible d'être instrumentalisée, abusée par des maîtres, des leaders ou des gourous faussement charismatiques dans le sens d'une emprise et d'un culte de la personnalité, mais est-ce une raison pour la réduire à une idéalisation dangereuse ? L'élan qui se surveille trop, qui voudrait échapper à tous les pièges, ne fait pas confiance à la part vitale de sa démesure.

Une démesure vitale

L'homme contemporain se méfie de la ferveur, parce qu'il craint ses débordements. Il voit dans l'excès de cette émotion une forme de fièvre qu'il traduit immédiatement en termes de maladie et de pathologie. Nous vivons à une époque qui invite à plus de sobriété et de modération. Faut-il pour autant condamner toute forme de démesure humaine ? Si la ferveur porte en elle une telle trace de démesure, jusqu'où ne pas aller trop loin ?

Nous connaissons les recommandations de la sagesse grecque : « Rien de trop » *(meden agan)*. Mais les Grecs ont toujours pensé la mesure en tension avec une démesure présente dans la nature et consubstantielle à l'humanité. La démesure humaine est peut-être plus inquiétante que celle de la nature si l'on en croit Héraclite : « Il faut éteindre la démesure plus encore que l'incendie. » Car la nature trouve en elle-même des sources de résistance et de résilience face à sa propre démesure : un incendie provoqué par la foudre peut finir par s'éteindre avec les pluies, et la forêt reprendre ensuite son cycle de vie. Mais la démesure humaine est un incendie plus difficile à maîtriser car elle transporte l'homme hors de lui jusqu'à lui faire perdre toute capacité de revenir à la raison. Il n'y a pas de contre-feux à la démesure humaine. Convenons que la sagesse advient souvent trop tard, dans l'ordre de l'après-coup, quand elle ne sert plus à grand-chose, si ce n'est au constat des effets dévastateurs des déchaînements passionnels.

Les héros grecs ont une dimension titanesque, une part de démesure et de violence. La tension entre Apollon, dieu de la mesure, et de Dionysos, dieu de la démesure, est l'essence de la tragédie grecque. Dionysos, dieu du vin et de l'ivresse, n'est pourtant pas l'expression d'une folle démesure qu'il s'agirait de combattre. Il est porteur d'une démesure vitale à préserver qui s'exprime dans les arts du chant et de la danse. À l'origine, il n'y a pas une seule force, ni même une force à privilégier, mais une tension entre les forces dionysiaques et les forces apolliniennes dont la tragédie est la mise en scène. Nous avons autant besoin de la clarté apollinienne que de l'ardeur dionysiaque. Dans la filiation de cet héritage grec, Nietzsche reconnaît la polarité de la mesure et de la démesure, ces deux dimensions inséparables de l'existence :

> « Et voici qu'Apollon ne pouvait pas vivre sans Dionysos ! Le titanesque et le barbare étaient en fin de compte aussi nécessaires que l'apollinien ! »

La démesure est aussi vitale que la sobriété. La démesure seule est invivable ou ne se propage que dans un déchaînement de violence et de cruauté. Mais le dernier mot de la sagesse tragique n'est pas selon Nietzsche la modération ou la tiédeur. L'élan de la démesure qui transgresse les limites et renverse les identités fait aussi partie de l'équilibre en perpétuel mouvement de la vie et de la création. C'est tout l'apport et l'originalité de la sagesse tragique des Grecs qui ne naît pas d'une ascèse, mais d'un excès de vitalité.

Nietzsche est l'un des rares philosophes à reconnaître cette part de démesure comme étant constitutive de l'humanité :

> « La mesure nous est étrangère, reconnaissons-le ; notre démangeaison, c'est justement la démangeaison de l'infini, de l'immense. Pareil au cavalier emporté par un coursier écumant, nous lâchons les rêves face à l'infini, nous, hommes modernes, nous demi-barbares. »

Comment intégrer cette part de démesure sans se laisser dissoudre ou consumer par elle ? Cette question majeure traverse toute son œuvre. Lors des bacchanales, les rites et les processions dionysiaques sont en quelque sorte des remèdes, des exutoires qui apaisent la violence de la démesure dans d'heureux débordements. Il y a toujours des forces chaotiques, des excès à intégrer et à réguler dans un processus de création : sans cette part vitale de démesure, le monde et la culture ne sont plus que lettre morte, langage formel où la vie est absente. La passion est ici source d'une grande liberté repoussant les frontières de la vie.

La ferveur a pris une tournure négative par la fièvre et la contagion qu'elle suscite et qui l'assimilent à une maladie. Pourtant, la fièvre est tout autant le symptôme de la maladie que la façon dont le corps se défend contre la maladie. S'il y a dans la ferveur une dimension pathologique, au sens où il y a *pathos*, manifestation d'affects intenses qui dépossèdent de la maîtrise de soi, cela ne fait pas d'elle une maladie.

Reconsidérer la ferveur, c'est participer de la nécessité de préserver une part de démesure vitale. L'être humain ne peut certes pas soutenir un régime de démesure ou de dépense permanent, sans finir par s'user et se détruire ; il a besoin de limites et de pauses. Mais une vie réduite à la seule sagesse de la modération ou de la sobriété n'aurait aucune saveur pour lui. La véritable folie de notre temps est de vouloir éteindre toute forme de démesure, en méconnaissant sa part de vitalité. Pas de mesure sans démesure, pas de sobriété sans ivresse, pas de sagesse sans folie. Depuis les mythes et les tragédies, les Grecs ont compris la nécessité vertueuse de cette dialectique.

La ferveur est l'émotion absolue, au sens de l'émotion-mère qui rend possibles toutes les autres. Dans la tragédie grecque, elle est l'expression d'une vie ardente dont la musique du chœur est le porte-voix. Le chœur tragique représente des spectateurs participant directement à l'action dramatique, en chantant et dansant. Visionnaire, il voit la part de démesure des héros et en partage l'émotion dionysiaque. Il faut comprendre cette émotion dionysiaque comme un appel d'énergie qui se retourne contre une forme d'avachissement de la vie et dénonce les faux amours, les fausses croyances qui tendent à supprimer les risques d'ébranlement et d'égarement. Ici, l'individu accepte de renoncer à lui-même et de se plonger dans une nature extérieure à lui. Le chœur tragique est en quelque sorte l'assemblée fervente de spectateurs assez forte pour supporter la démesure dionysiaque, le spectacle des souffrances et de la violence de la vie sans céder au pessimisme. C'est l'épreuve d'un attachement extraordinaire à la vie, la marque d'un amour fou, que l'individu ne peut affronter sans le soutien d'une assemblée. L'individu est porté par la ferveur collective du chœur tragique.

La ferveur religieuse

L'enthousiasme divin

La ferveur est une émotion fondamentalement religieuse. Et parce qu'elle brise la clôture de l'homme sur lui-même, elle dit que toute émotion intense est une émotion religieuse au sens emprunté à Pascal de ce qui dans « l'homme passe infiniment l'homme ».

L'enthousiasme, du grec *enthousiasmos*, veut dire « transport divin », « possession divine ». Il désigne aussi bien le transport du poète sous l'effet de l'inspiration que de l'amoureux. Dans la tradition platonicienne, c'est le privilège d'une âme dégagée de ses attaches corporelles, une possession du divin qui permet de s'élever au-dessus de sa condition humaine et de participer à la vie divine. Quand il permet de s'évader hors des limites du corps, l'enthousiasme est interprété comme une libération, un éblouissement de l'âme, mais aussi comme un risque d'affaiblissement de l'esprit critique entraînant méconnaissance et égarement de la raison.

Dans un dialogue consacré à l'inspiration poétique, *Ion*, Platon évoque la métaphore de l'aimant qui attire ces anneaux de fer pour décrire l'enthousiasme divin du poète : l'inspiration du poète ne relève pas d'une technique apprise, de la maîtrise d'un savoir, mais d'un rapport hypnotique, à l'image de la chaîne magnétique qui relève d'une désappropriation de soi. L'enthousiasme du poète est ainsi transféré au spectateur : chaque maillon de la chaîne aimantée est comme possédé. Les poètes, comme les prophètes ou les comédiens, ne parlent pas en leur nom, ils sont les interprètes des dieux. Toutefois ils peuvent garder une certaine maîtrise avec la conscience qu'ils jouent un rôle. Socrate veut montrer à Ion qu'il peut rester maître de l'interprétation, quand Ion, pris par le plaisir de la poésie, est en plein délire. Dans ce dialogue, Socrate se fait pourtant l'avocat de l'inspiration divine.

De la part du premier maître de la rationalité occidentale, cette apologie de l'enthousiasme divin ne manque pas d'attirer l'attention.

De l'enthousiasme poétique antique, la ferveur religieuse a gardé l'idée de transport divin. Mais il n'est pas aisé d'expérimenter la ferveur au sens du rapt démonique, l'enthousiasme divin (« la présence en nous des dieux »), sans risquer de se perdre. Comment répondre à un appel qui requiert notre absolu consentement sans renoncer à tout jugement ? Relire les pages magnifiques de Kierkegaard dans *Crainte et tremblement* que le philosophe danois consacre à l'acte de foi inaugural d'Abraham indique comment le saut de la foi a partie liée avec l'absurde sans altérer la capacité de jugement.

Aux yeux de la raison, ce qui est demandé à Abraham est en effet absurde : le sacrifice du fils que Dieu lui a promis. Selon Kierkegaard, il n'y a pas de ferveur religieuse authentique sans expérimenter ce vertige du saut de la foi qui ne s'inscrit plus dans l'ordre moral, mais ancre son désir dans l'absolu. Ce saut vertigineux n'est pas pur délire. Il fait penser à l'élan du danseur qui accomplit un saut acrobatique mais qui sait retomber sur ses pieds sans vaciller.

Par la ferveur, je reçois une énergie qui me rend capable de déplacer des montagnes. Mais pas de ferveur authentique qui ne tienne, sans savoir également retomber sur ses pieds. Suivre l'exemple d'Abraham suppose une certaine ironie, la reconnaissance que pour l'essentiel de nos destinées, nous ne maîtrisons pas grand-chose et qu'une forme de lâcher-prise est nécessaire. À la question d'Isaac qui demande à son père où se trouve l'agneau pour le sacrifice, Abraham répond : « Mon fils, Dieu se pourvoira lui-même de l'agneau pour l'holocauste. » Commentaire de Kierkegaard :

> « La réponse à Isaac revêt la forme de l'ironie, car c'est toujours de l'ironie que de dire quelque chose sans pourtant dire quoi que ce soit. »

L'éthique n'est pas sacrifiée au nom de la foi car Dieu n'exige pas un tel sacrifice. La pensée n'est pas sacrifiée non plus, quand elle reconnaît qu'elle ne sait pas. Socrate a même fait de la reconnaissance du non-savoir le fondement de la sagesse philosophique. Dans ce moment de ferveur religieuse, Abraham fait l'expérience d'un abandon de toute volonté propre qui est certes inconfortable, vertigineux à l'aune de la raison, mais qui n'aboutit pas à un effondrement de soi.

Bibliquement, c'est l'appel et la réponse qui structurent la ferveur religieuse. La transcendance du Dieu de la Bible s'adresse à l'homme par des paroles qui le touchent au plus profond de lui-même et auquel il répond avec tout son être, ses émotions, son intelligence, son imaginaire aussi. Les modalités de cet appel sont diverses, mais entraînent une réponse qui fait rompre avec ses habitudes et débouche sur un changement de vie où la personne advient à elle-même comme une deuxième naissance. La ferveur de cette réponse correspond au premier commandement biblique : « Tu aimeras ton Dieu de tout ton cœur, de toute ton âme et de toutes tes puissances. » Comment peut-on aimer de façon si extrême un être soustrait à l'expérience sensible immédiate ? Quelle joie particulière y trouve-t-on ? Sensibles au mystère de l'existence, des fidèles s'engagent sur la voie de cet amour les reliant à une présence divine qui n'est pas de l'ordre de la démonstration. Contrairement au fanatisme, la ferveur religieuse suppose le maintien d'une certaine distance et requiert la pratique de l'ironie.

Car dans le fanatisme religieux, le désir est capté sur le mode d'une adhésion qui abolit toute distance critique avec la chose adorée. La ferveur y devient alors soumission irresponsable, exaltation masochiste jusqu'à l'effacement et la négation du sujet. Toute entreprise de dissuasion devient difficile car l'adhésion prend source dans un mode d'attachement et d'emprise qui ne supporte aucun écart. L'adhésion à un dogme indiscutable sert de point de repère et s'établit dans la séparation manichéenne de ceux qui y croient et des autres. C'est l'assurance d'une certitude que recherchent les adeptes pour apaiser leur angoisse existentielle, celle d'une faille personnelle ou d'un vide intérieur.

Dans la ferveur religieuse, je peux consentir à la perte de maîtrise, à l'abandon à l'inconnu, à une forme de désappropriation de soi qui n'est pas pur délire ou abdication de soi. Car le mouvement de sortie hors de soi s'y confond paradoxalement avec une descente au fond de soi-même. C'est ainsi que saint Augustin découvre au plus profond de lui-même le Dieu dont il reçoit la vie et sans lequel il ne serait rien :

> « Dans ma laborieuse et haletante indigence de vérité, je vous cherchais mon Dieu. [...] Mais vous étiez au-dedans de moi plus profondément que mon âme la plus profonde, et au-dessus de mes plus hautes cimes. »

Dans les religions instituées, le risque est que cet enthousiasme divin, cette ferveur initiale se sclérose ou disparaisse. Quand une religion se sclérose, il n'y a plus de ferveur, mais une répétition mécanique de gestes et de paroles qui sont vides. Sans ferveur, la foi manque non seulement de puissance, mais aussi de profondeur et pour ainsi dire d'efficacité.

L'ardeur mystique

L'ardeur mystique relance la ferveur quand elle s'épuise dans les religions instituées. Les mystiques dépensent une énorme énergie, et leur surabondante vitalité porte selon Bergson la trace de l'élan vital créateur, de la poussée créatrice qui anime le vivant :

> « Les âmes que remplit l'enthousiasme religieux sont véritablement soulevées et transportées : comment ne nous feraient-elles pas prendre sur le vif, ainsi que dans une expérience scientifique, la force qui transporte et qui soulève ? »

La ferveur religieuse comme vie surabondante n'est pas restreinte à demeure ; elle bouillonne, jaillit, déborde. C'est une force de renouvellement, de recommencement : une incandescence, un feu qui brûle toujours, un reste brûlant. *Arder* signifie « se consumer », l'action de ce qui en brûlant se détruit. L'ardeur est au point de rencontre entre le sommet de la création et le rapprochement de sa propre mort. D'où vient cette ardeur des mystiques, cette hâte de la passion pour s'accomplir dans la soif de sa propre fin ? Seuls les mystiques communiquent le mystère de cet élan d'amour qui s'alimente à une source de vie inextinguible, y trouvant l'origine et la fin de leur existence. Ils sont remplis de cette surabondante vitalité jusqu'à la mort, jusqu'à en mourir.

Si cet élan d'amour porte les mystiques aux limites du possible, l'écrivain Georges Bataille le distingue bien du désir de mourir :

> « Ce désir de chavirer, qui travaille intimement chaque être humain, diffère néanmoins du désir de mourir en ce qu'il est ambigu : c'est le désir de mourir sans doute, mais c'est en même temps le désir de vivre, aux limites du possible et de l'impossible avec une intensité toujours plus grande. C'est le désir de vivre en cessant de vivre ou de mourir sans cesser de vivre, le désir d'un état extrême que sainte Thérèse peut-être seule a dépeint fortement par ces mots : "Je meurs de ne pas mourir." Mais la mort de ne pas mourir précisément n'est pas la mort, c'est l'état extrême de la vie ; si je meurs de ne pas mourir, c'est à condition de vivre : c'est la mort qu'en vivant j'éprouve, en continuant de vivre. Sainte Thérèse

chavira mais ne mourut pas réellement. Elle perdit pied, elle ne fit que vivre plus violemment, si violemment qu'elle put se dire à la limite de mourir, mais d'une mort qui, l'exaspérant, ne faisait pas cesser de vivre. »

L'impatience amoureuse à se donner n'a rien en effet de suicidaire : ce n'est pas la mort ou le néant qu'elle désire, mais un plus de vie dans l'union divine. Il y a bien un excès de l'âme enflammée par l'amour de Dieu. C'est « la vive flamme d'amour » décrite par Jean de la Croix, ce moment où le feu de l'amour s'enflamme lui-même, moment de l'incandescence amoureuse : on pressent que cette flamme qui se consume à partir d'elle-même, plus rien ne peut la contenir. Elle ne connaît plus que l'impatience de s'unir à Dieu.

« Ô vive flamme d'amour,
Comme vous me blessez avec tendresse
Dans le centre le plus profond de mon âme !
Puisque vous ne me causez plus de chagrin,
Achevez votre œuvre si vous le voulez bien,

Déchirez la toile qui s'oppose à notre douce rencontre. »

La ferveur renvoie à un degré d'embrasement qui a pour effet la transformation de l'âme en flamme. L'âme est alors comme submergée par un amour dont elle ne voit pas la fin.

Pourtant, pas de ferveur authentique qui ne prenne la mesure de la distance qui sépare de l'Aimé. L'union divine suppose un itinéraire de désappropriation en toutes choses : pour goûter « le tout », ne vouloir « goûter en rien ». Cet itinéraire spirituel, qui consiste à aller où l'on n'est rien, est retracé de façon magistrale par le philosophe Alain Cugno le distinguant de l'ascèse ou d'une apologie des privations qui « continue à adorer ce qu'elle prétend mépriser ». Il n'est pas une négation du désir mais une nouvelle orientation. Il ne cherche plus à évaluer ses plaisirs, ses richesses, ses compétences, son importance. Car le piège de l'idolâtrie est toujours de « se tourner vers soi-même » alors que l'on croit se tourner vers les autres et vers Dieu.

Jean de la Croix dit de ses poèmes qu'ils sont écrits avec « quelque ferveur d'amour de Dieu ». La poésie mystique cherche à dire cet indicible d'un amour surabondant qui blesse tout autant qu'il réjouit. Ce qui blesse l'âme, c'est l'amour que l'Aimé lui porte car il ouvre en elle le désir d'absolu. Il faut s'être senti ainsi aimé, accueilli de façon inconditionnelle, pour pouvoir aimer de façon fervente. « Si j'ai vraiment compris que j'étais aimé, alors j'ai été libéré par cet amour – et non pas enchaîné par un amour abusif », commente Alain Cugno. La découverte d'un amour inconditionnel est une ouverture à la possibilité de l'amour qui libère de l'angoisse de l'abandon ou de la captation. L'itinéraire spirituel de saint Jean de la Croix commence dans *Le Cantique spirituel* à se rapporter à Dieu, l'Aimé, qui échappe à toute appropriation et déjoue toute tentation idolâtre. Dans l'idolâtrie, le désir est capté par une adhésion qui abolit toute distance avec la chose adorée. Tandis que l'amour divin n'est ni oblatif ni captatif, c'est un amour qui rend libre.

La drogue dure de l'amour divin ne produit pas le même effet aliénant que les psychotropes, car si la structure du désir semble comparable, notamment avec le passage de la nuit mystique qui ressemble à la traversée du manque, elle rend possible un chemin de libération. Elle est un apprentissage de l'amour qui libère. On quitte les pathologies de l'addiction où le toxicomane demeure enfermé dans une relation mortifère, dans l'enfer de l'enfermement destinal le plus désespéré. La soif mystique imprègne la vision du monde toxicomaniaque. Mais le recours au toxique est l'expression d'une forme de déréliction spirituelle, où le sujet reste bloqué sur le rapport au manque, sur une perte radicale, au lieu de l'accueillir comme la matière même d'un itinéraire, de la relance et de l'élaboration du désir.

Le chemin de la liberté spirituelle du mystique ouvre l'accès à une autre élaboration du désir qui rompt avec l'avidité addictive. Le manque radical auquel renvoie le désir d'absolu, s'il fait souffrir, fait aussi croître. Le mystique ne reste pas scotché, fixé à la souffrance du manque, il ne fait que la traverser.

L'apport de la tradition mystique tient à cette élaboration centrale du désir et du manque dans l'expérience de la dépossession et du vertige de l'abandon de soi. C'est une expérience du surcroît de l'amour, débarrassée des demandes infantiles d'amour et de reconnaissance qui ne sont jamais assez satisfaisantes. Elle suppose la traversée de la nuit et du manque, tantôt angoissante, tantôt bénéfique, pour saisir le vertige d'un tel abandon. Vertige du désir qui porte une existence au-delà d'elle-même, pour aller vers qui, vers quoi? Vers « un je ne sais quoi » qui attire, ouvre et élargit l'âme.

La capacité d'éprouver un sentiment d'amour ardent trouve sa source dans ce mouvement d'ouverture et d'élargissement. C'est le contraire même d'un amour abusif qui enchaîne et chosifie. Le sujet n'a pas à disparaître devant Dieu. Il ne s'agit pas de s'anéantir, de préférer le néant à l'être, ce qui est pure mélancolie, mais d'aimer librement. L'œuvre de Thérèse d'Ávila est aussi bien un journal de l'amour mystique qu'un traité de désillusionnement, débusquant toutes les mystifications intérieures de la ferveur. À cet égard, elle a inspiré de grands spirituels et de grands psychanalystes (Lacan, Kristeva). Alors que le XVIIe siècle est une période de ferveur religieuse, avec ses extases et ses mortifications où le corps se fait le résonateur de l'expérience spirituelle, Thérèse d'Ávila ne cache pas sa méfiance à l'endroit des religieux qui exhibent l'intensité de leur sentiment et de leur jouissance de façon trop ostentatoire. Elle ne cache pas non plus qu'elle a souffert et qu'elle a joui dans son corps. Mais elle se réjouit davantage d'atteindre la joie d'une union divine durable qui ne ravit plus seulement le corps, et la laisse disponible pour d'autres occupations dans une existence très active et riche en responsabilités.

Les pièges de l'idolâtrie

Le contraire de la ferveur n'est pas uniquement l'absence d'enthousiasme religieux, mais l'idolâtrie qui en pervertit le sens de l'intérieur. Nous pensons vivre dans une société sécuralisée et rationnelle, mais la tentation idolâtrique hante la modernité. Comme Marx l'avait bien souligné, à l'adoration du veau d'or ont succédé d'autres adorations comme la fétichisation de la marchandise et le culte de nouvelles idoles. La Bible ne cesse de dénoncer les pratiques idolâtriques qui sont un dévoiement de la ferveur authentique. L'idolâtrie revient à accorder une vénération indue à une chose ou une personne, à se tromper de dieu en quelque sorte. Tout comme la ferveur, l'idolâtrie n'est pas qu'une question religieuse. Elle concerne tous les domaines de l'existence. Brisez des idoles et les hommes ne tardent pas à fabriquer de nouveaux dieux devant lesquels ils se prosternent !

À quel moment la ferveur est-elle susceptible de glisser dans l'idolâtrie ? Comment savoir si l'on est dans une saine ferveur et non pas dans la fureur idolâtre ou dans le délire hystérique ? Il existe des pathologies du sentiment religieux, des perversions de la ferveur mystique, sondées par la psychanalyse et la psychiatrie. Mais le discernement est parfois complexe, car nombre de situations sont troubles. Face à la difficulté à définir la justesse du sentiment religieux et d'en épuiser le sens, au moins est-il possible de juger un arbre à ses fruits et de faire la part des choses en tenant compte des effets produits : la saine ferveur fait rayonner les visages, elle accroît la générosité et la compassion, elle aiguise la lucidité et la liberté intérieure, quand l'idolâtrie décompose les visages, enferme dans sa propre affectivité et aliène. La ferveur authentique n'est pas incompatible avec le sens de l'humour et une pratique de l'ironie, quand la vénération idolâtre en est complètement dépourvue.

L'adolescence en proie à tous les éveils se nourrit de cette ambiguïté de la ferveur comme d'une exaltation affective, d'une fascination pour le sublime qui donnent le sentiment d'une grande puissance narcissique, d'un agrandissement de soi par le dépassement de ses limites. La tentation idolâtre est perceptible dans une adhésion sans distance critique. Un tel dévouement à une cause peut masquer une faille personnelle et déboucher sur le pire aveuglement. L'intransigeance du zélé idolâtre est une force aveugle qui emporte et détruit tout ce qui est étranger à sa « cause », alors désigné comme « l'ennemi » à abattre. Après son passage, ne restent plus que ruines et décombres. La radicalité des idolâtres est marquée par un désir dangereux de pureté et le vertige devant la séduction d'une violence extrême possible. Y compris une violence déployée contre soi-même.

La puissance de l'élan dans la ferveur se pervertit dès qu'elle cherche à abolir la distance qui la sépare de celui qu'elle adore et vénère. Quand l'abandon de soi n'est plus don mais abdication et soumission, la ferveur de celle ou de celui qui se donne par amour n'engendre qu'abus de pouvoir. De nombreux textes bibliques nous apprennent à être vigilants sur les signes de la vitalité d'un tel élan car l'ivraie se mélange toujours au bon grain. Dans sa recherche du vrai Dieu, l'homme ne cesse de fabriquer des idoles. L'idolâtrie est condamnée dans la Bible car elle transfère à des choses et à des créatures une adoration dévolue à Dieu : « Ils ont vénéré la création, et lui ont rendu un culte plutôt qu'à son créateur. » (Rm 1,25) Mais le problème principal de l'idolâtrie est-il dans l'objet de l'adoration – l'adoration de faux dieux – ou bien dans la manière même d'adorer ?

La ferveur amoureuse

L'élan de la passion

L'élan de la passion amoureuse déclare l'impossible : je ne m'appartiens plus et tu ne t'appartiens plus, nous ne formons plus qu'une seule chair. Depuis les commentaires lyriques de saint Bernard sur le poème biblique du *Cantique des Cantiques*, toute une mystique de l'amour comme promesse d'union s'est développée dans l'Occident chrétien. La ferveur amoureuse porte la promesse de cette union où chacun trouve son bien infini dans l'autre. Elle inspire un sentiment de l'infini, car elle fait exploser les limites individuelles et spatio-temporelles : les frontières habituelles entre le moi et le non-moi, entre un dedans et un dehors, entre l'instant et l'éternité s'effacent. Elle est transport dans le mouvement infini de la rencontre de l'être aimé. C'est la raison pour laquelle le frisson du sacré parcourt les amoureux fervents.

Dans l'élan passionnel, l'amoureux est touché en un point insaisissable de son être qui le rend disponible pour l'être aimé, comme pour nul autre. Celui-ci est unique à ses yeux. Sa singularité le captive. Cette posture d'attention et de réceptivité maximale est une chance et un risque considérables. Elle ouvre à un autre point de vue que le sien sur le monde et sur soi-même. Elle est une expérience de dépossession de soi qui chamboule les habitudes de vie, entre vertige et joie. Vertige de dépendre d'un autre et de se perdre ; joie aussi, car cette dépossession peut paradoxalement augmenter notre puissance d'agir et accroître notre créativité. On n'en finit pas de s'étonner de l'être aimé et de soi-même aimant. Qui n'a pas éprouvé ce vertige dans la passion amoureuse ? Vertige de sentir toute son existence livrée entre les mains d'un autre qui nous attire, auquel nous ne cessons de penser et qui prend d'un coup toute la place dans notre vie.

La passion, qui est plaisir d'aimer et plaisir de la présence aimante de l'autre, est une forme que peut prendre la ferveur. La ferveur amoureuse est marquée par une surabondance du désir d'aimer puisque ce dernier ne cesse d'être relancé par le désir de l'autre aimant. L'enjeu n'est pas tant celui d'un manque à combler que de l'abandon à un excès qui porte et qui emporte les amoureux toujours plus loin dans la découverte de l'autre, dans une surestimation réciproque. Nous nous réjouissons de ce que nous ne possédons pas vraiment, nous nous réjouissons d'un désir partagé qui toujours déborde, nous nous réjouissons de ce surcroît du don. La ferveur amoureuse relève d'un surcroît du don qui élargit l'horizon des possibles. Ce qui est donné par surcroît est un approfondissement du don : car il arrive que l'on donne autre chose et plus que ce que l'on croit donner quand on aime. La ferveur amoureuse devient alors l'archétype de la ferveur, de la joie de devenir l'un par l'autre toujours plus vivant, plus aimant et de s'accroître mutuellement.

Un effet remarquable de l'élan de la ferveur amoureuse est qu'il rend réceptif à la parole et qu'il transforme le plus taiseux des hommes en poète intarissable. Celui qui aime passionnément est prompt à déclarer sa flamme ou à produire du discours amoureux pour se rapprocher de l'être aimé et s'approcher de la vérité de son être. Cela ne fait pas nécessairement de lui un poète admirable, mais libère sa parole dans une sorte de jaillissement intime et continu. Un amour qui ne sait plus se dire baisse en intensité et finit par s'éteindre. Les amoureux fervents sont pris dans une conversation passionnée, jusque dans la dispute. Le défaut de cette ferveur est l'excès, l'exagération : on en fait trop. Trop de grands mots et d'emphase lyrique pour peu de signification, diront certains esprits narquois. Mais ne peut-il exister une expression sobre de la ferveur amoureuse ? Est-elle obligée de se parer du lyrisme ? L'élan passionné de la ferveur n'a pas nécessairement besoin pour se dire d'une multitude de superlatifs. Il peut se montrer sobre. À cet égard, les silences des mystiques et des poètes contiennent plus de sagesse amoureuse que de grands discours éloquents. Le partage de l'humour, la capacité de rire ensemble, est aussi une heureuse manière de poursuivre la conversation amoureuse quand elle bute sur les malentendus, sur la mauvaise foi ou les écueils du lyrisme.

L'adoration

Nous passons beaucoup de temps à halluciner l'être aimé, à le créer et à le recréer en fonction de nos désirs et de nos angoisses. Ceci ne signifie pas que l'amoureux fervent est aveugle aux défauts de l'aimé. Simplement, l'entrevision des défauts n'est pas un obstacle à l'enthousiasme amoureux, car ils font alors partie du charme, de la singularité de l'aimé. Ces mêmes défauts qui deviennent insupportables lorsque la ferveur retombe.

L'amoureux fervent hallucine l'être aimé, comme s'il était un dieu. Platon dans *Phèdre* décrit comment l'amour mène à l'adoration, au culte de l'être aimé : l'amant regardant l'aimé,

> « le vénère à l'égal d'un dieu et, s'il ne craignait de passer pour complètement fou, il [lui] offrirait des sacrifices comme à la statue d'un dieu, comme à un dieu ».

Le lien entre l'amant et l'aimé est pensé dans le rapport fervent et cultuel au dieu. L'aimé est regardé comme un dieu, traité comme un dieu, adoré comme un dieu, ou plus précisément comme s'il recueillait en lui la manifestation du divin, comme s'il était le signe d'une apparition du divin. Car la ressemblance au divin n'est pas tout à fait une identification à lui. Elle n'efface pas la distinction d'essence avec le divin. C'est cette distinction que l'idolâtrie abolit.

Le besoin d'adorer quand il s'épuise à fabriquer des idoles n'est qu'une forme déguisée de l'autodivinisation et d'un attachement idolâtre à soi-même.

Ainsi Rousseau, dans *Les Confessions*, se plaint de trop aimer les femmes et que ce trop d'amour est à l'origine de ses déboires amoureux :

> « J'aimais trop sincèrement, trop parfaitement, j'ose dire, pour pouvoir aisément être heureux. [...] Mon peu de succès près des femmes est toujours venu de les trop aimer. »

Trop aimer les femmes, était-ce réellement le problème de Rousseau ? Ou bien était-ce de trop aimer l'amour et de trop s'aimer lui-même aimant ? Le besoin d'adorer un objet idéal dont il est exaltant d'être adoré est en effet une forme de culte de soi. Le danger de la ferveur amoureuse est de rendre l'amoureux ivre de lui-même, amoureux de l'amour plus que de l'être aimé. À cet égard, il donne moins que ce qu'il croit donner en aimant.

Le philosophe Jean-Luc Nancy a fait une critique de l'idolâtrie sans condamner le besoin d'adoration présent dans la ferveur. Il distingue l'enthousiasme de la ferveur de l'adulation idolâtre ou fanatique :

> « Il faut commencer par ne pas confondre la ferveur de l'enthousiasme avec la fureur fasciste : celle-ci a toujours affaire à une figure déterminée, fermée (peuple ou parti, chef ou idée, vision, conception).

Une figure configurée, close, sans détour. Elle est reçue telle quelle, pleine, circonscrite, accomplie. On s'y soumet. »

Le fanatisme est une forme d'idolâtrie qui capture le désir dans une figure déterminée comme un arrêt sur image. La condamnation du fanatisme participe de la critique de l'idolâtrie qui rend un culte à une figure déterminée comme si elle était divine et en effaçant l'altérité du divin. Dans sa distinction de l'adoration de l'adulation idolâtre, Jean-Luc Nancy insiste sur un point décisif. Il définit l'adoration fervente par un mouvement d'ouverture et de passage, une quête d'incandescence – il n'y a pas de fixation sur un objet précis devant lequel on se prosterne, mais une ouverture sur une transcendance que l'on ne peut pas circonscrire.

L'adulation partage avec l'adoration le désir d'être pris, d'être emporté, transporté dans un ailleurs ou un autrement de la vie ordinaire. Mais alors que l'adulation cherche à capter cet ailleurs, l'adoration est un élan fervent vers lui qui le désigne comme une ouverture.

Certes, la frontière est poreuse entre l'adoration ou l'adulation. Mais c'est dans cet interstice que prend sens la condamnation de l'idolâtrie. C'est aussi dans cet interstice que se joue le sens de l'enthousiasme de la ferveur comme ouverture à une transcendance. C'est lors de ce moment de *mania* – diraient les Grecs –, ce moment où l'homme est hors de lui, où il est possédé par le divin, qu'il devient paradoxalement lui-même – dans le mythe de *Phèdre* de Platon, l'âme humaine s'accomplit quand elle est ravie, tendue hors d'elle-même, élevée au-dessus d'elle-même. De cet état d'exception de la ferveur amoureuse nous viennent les plus grandes actions, les plus belles créations. La ferveur amoureuse est contenue dans cette image platonicienne de l'amour ailé. Une poussée d'aile et de fièvre. Pour le meilleur, elle requiert l'homme tout entier, en l'appelant à se dépasser et à donner plus qu'il n'aurait imaginé. Pour le pire, elle est trompeuse et délirante.

Les pièges de l'idéalisation

Une trop forte idéalisation de l'être aimé fait osciller entre l'exaltation liée à l'élargissement de soi et la déception provoquée par la rencontre des particularités insupportables de l'autre. Faut-il éviter les pièges de l'idéalisation ou bien considérer l'idéalisation comme une étape normale, un stade nécessaire dans le rapport à l'autre et la recherche du vrai Dieu ? Au Moyen Âge, l'idéalisation présente dans l'adoration de l'être aimé prédestine à la ferveur religieuse. De nombreux poètes de l'amour courtois s'orientent vers la vie monacale et convertissent la passion amoureuse en mystique de l'amour. Ce fut le premier modèle de ferveur amoureuse. Il s'accommode de la distance de la Bien aimée, voire de la non-réciprocité de l'amour. Un tel amour imprégné de l'idéalisation de l'être aimé exalte et nourrit l'inspiration poétique. Le poème médiéval met la Dame aimée sur un piédestal, l'idéalise comme une quasi-divinité. La rhétorique de dévotion codifiée au XIIe siècle et dont on retrouve la trace dans l'amour romantique affirme la singularité absolue de l'objet d'amour. On y retrouve toutes les composantes de la ferveur : le caractère sacré, l'intensité de l'élan, le surcroît du don. D'où le glissement de la dimension amoureuse vers une dimension mystique : il participe d'un même mouvement d'idéalisation de l'être aimé qui maintient celui-ci dans une distance inaccessible pour mieux le soustraire aux retombées de la déception.

La modernité dévalue cette expérience de la ferveur amoureuse car elle menace la conquête de son autonomie. On comprend que les femmes contemporaines s'en méfient et s'en détournent. L'idéalisation des femmes dans l'adoration apparaît comme un piège quand elle n'est que l'envers de leur maintien dans une infériorité sociale, selon un pacte plus ou moins explicite : je te vénère mais reste à l'écart des affaires humaines. La femme est alors reconnue comme étant puissante, sa puissance (séductrice, maternelle) est célébrée, mais elle ne gouverne pas. Idéaliser les femmes est une façon de les placer suffisamment haut ou loin, pour se protéger de leur puissance réelle (sexuelle, relationnelle, intellectuelle et spirituelle).

La démarche analytique n'a pas laissé indemne l'idéalisation amoureuse ou religieuse car elle a dévoilé son instrumentalisation pour résoudre des problèmes intimes : comment une trop forte idéalisation présente dans le désir d'absolu s'est construite à partir d'une culpabilisation massive de la sexualité et de l'agressivité, par tout un travail psychologique de refoulement et de sublimation. Le discours médical parachève cette critique de l'idéalisation en pathologisant la ferveur perçue comme une hystérie, une désorganisation psychique et sociale. Tout ce qui compromet l'autonomie est désormais perçu comme une pathologie émotionnelle. La rationalisation de la conduite de sa vie entraîne une régulation émotionnelle, et indéniablement une perte d'intensité de l'amour comme de la croyance. L'amour compris comme un contrat de deux volontés libres liquide le rapport entre amour et transcendance.

Pour sa meilleure part, c'est ce rapport à la transcendance qu'exalte la ferveur amoureuse.

La force de son élan est de tenter de nous arracher à nous-même et aux calculs de nos intérêts. Le vrai amour comme la vraie piété, sans idéaliser ou prêter à l'être adoré de superpouvoirs, reconnaît en lui sa transcendance, son altérité, sa part impénétrable et mystérieuse. La ferveur amoureuse est le pressentiment de l'aura d'une personne, de son inviolable dignité spirituelle. Ce « je ne sais quoi », dirait Jean de La Croix, dont on ne peut épuiser la signification, est une ouverture à un au-delà de soi-même qui brise la clôture humaine. L'aura de l'être aimé manifeste cette présence agissante qui nous touche et qui demeure insaisissable.

Le passage obligé par la désillusion amoureuse est l'épreuve de la vraie ferveur aimante. En n'étant pas celui dont j'imaginais qu'il me comblerait, l'être aimé cesse d'être un produit de mon imaginaire pour devenir un amour véritable. La vraie ferveur apprend à aimer l'autre jusque dans son irréductible solitude. Plus j'appréhende la distance qui me sépare de lui et plus s'accroît une communion qui n'est pas fusion mais consentement à être seuls ensemble. Pour susciter l'amour ou pour en préserver la flamme, il faut parfois s'éloigner ou inciter l'aimé à aller vers lui-même où je ne suis pas. Cette conversion du désir de possession en amour libre exige la plus haute des ferveurs : se réjouir que l'être aimé existe pour lui-même, se réjouir de sa liberté et de sa solitude.

La ferveur collective

Une foule fervente

On ne peut pas éluder le malaise que suscitent les manifestations de ferveur populaire, cette suspicion à l'égard d'émotions collectives intenses ou d'une adhésion unanimement partagée. On en redoute les effets de masse et les délires collectifs, la violence éruptive qui s'en dégage à coup de roulements de tambour et de huées désignant l'ennemi à abattre. Une foule gagnée par la fièvre inquiète d'autant plus que personne, quels que soient son âge ou son éducation, n'est immunisé contre la contagion de la ferveur populaire.

Mais la foule ne peut-elle être envisagée que comme ce qui rend impossible toute émancipation et toute forme d'individuation ? C'est oublier qu'un individu peut sortir de l'anonymat et de son isolement pour « faire corps » avec d'autres face aux épreuves, résister ensemble contre la menace du chaos. Là où l'on appréhende une cruelle indifférence, la ferveur mobilise ; là où l'on craint la montée de la haine, la solidarité se propage ; là où l'on déplore de multiples divisions, le désir de communion gagne. Nous puisons dans la ferveur collective des forces de reconstitution et de réparation du lien social : les communautés de supporters, de patriotes, cherchent à refabriquer du lien autour d'un même objet. Cette ferveur est à l'opposé de la fureur des hooligans ou des fascistes, bien qu'elles tiennent l'une et l'autre leur force du fait d'être passagères, spectaculaires et contagieuses. Là où la ferveur relie les singularités dans un élan de joie ou de recueillement, la fureur détruit toute possibilité de relation dans l'effet de meute et le déchaînement de la violence contre un adversaire désigné.

Le supporter n'est pas un simple spectateur. Il n'a pas la passivité du spectateur. Il apporte ce surplus d'enthousiasme et d'amour qui distingue également le patriote du simple citoyen.

Il n'est plus un individu isolé avec ses problèmes. Il appartient à une communauté avec laquelle il partage des émotions d'une grande intensité qui contrastent avec la morosité ordinaire. Il est habité d'une ferveur pour son équipe, comparable à l'attachement patriotique pour un pays. La ferveur du supporter ou du patriote correspond à un moment exceptionnel ritualisé et encadré qui n'a pas vocation à durer. Elle s'exprime le temps d'un match ou d'une manifestation, au stade ou dans un lieu de rassemblement public à part qui rend possible l'expression de la ferveur. Grâce à cet élan communicatif de la ferveur, la foule devient pour quelque temps une assemblée qu'un même destin relie.

Le temps d'un match ou d'une marche républicaine, nous voilà reliés à une communauté de semblables partageant un même destin qui nous échappe. L'amour du supporter pour une équipe est d'autant plus comparable à l'amour du patriote pour son pays, qu'il s'ancre dans le rite des hymnes qui est un moment de grande ferveur collective. Cela n'a rien de grégaire. Chacun peut vibrer à l'unisson lors de l'hymne de l'équipe ou de la nation adverse. C'est un moment de communion, d'amour partagé, une manière singulière de tenir ensemble par-delà les distinctions sociales et les divisions culturelles qui n'a pas d'autre équivalent social.

Les manifestations de ferveur populaire côtoient le sublime, le ridicule et parfois la tragédie comme lors de l'épisode du Heysel survenu en 1985 lorsque des supporters sont morts à la suite de bagarres et de mouvements de foule. D'où la possibilité de les considérer avec méfiance et de savoir aussi les tourner en dérision. Les tenants d'une culture élitiste critiquent souvent ces manifestations. N'est-il pas pourtant nécessaire d'assumer cette oscillation entre gravité et bouffonnerie, entre profondeur et légèreté, entre religiosité et humour, en veillant à leur encadrement rituel ? La culture carnavalesque populaire repose sur des excès, des outrances, où les forces négatives peuvent être recyclées dans un processus de régénérations des énergies vitales : la moquerie et l'agressivité sont tolérées à condition qu'elles ne visent pas la destruction réelle de l'adversaire ; pour un temps, les hiérarchies et les distinctions sociales perdent leur pertinence, chacun est un visage parmi d'autres visages.

La ferveur populaire, à travers des rites laïcs ou religieux, régénère énergie vitale et plaisir d'appartenir à un collectif. Elle permet de mettre en scène et en forme une expérience collective, de construire un espace de partage d'émotions, un lieu de reconnaissance autour de références majeures et de figures héroïques. Elle crée une sorte de fierté collective et quand celle-ci est bafouée, elle peut se mouvoir en dissidence, en force politique de subversion. Marcher ensemble lors des manifestations, chanter en cœur dans les banquets ou les processions, participer à des olas en levant les bras au stade sont autant de gestes de ferveur populaire capables de faire vibrer à l'unisson. La ferveur collective amplifie et soutient la ferveur individuelle : non seulement elle lui confère une intensité démultipliée, mais elle l'encourage quand elle menace de s'affaisser.

La ferveur populaire engendrée par l'incendie de Notre-Dame est exemplaire de cette émotion unanimement partagée, au-delà de la tribu des catholiques, des Parisiens ou des Français. « Notre drame », titrait si justement le journal *Libération*, car cet incendie touchait le cœur d'une culture commune : l'émotion patrimoniale dépasse largement l'attachement à une culture nationale ou religieuse, elle témoigne d'une prise de conscience d'une vulnérabilité collective et d'un désir de transmission face au travail de sape de la mort.

L'avènement du duende

La ferveur apatride du chant flamenco est peut-être encore plus bouleversante que n'importe quel hymne patriotique, car le chant des Tziganes est celui des profondeurs de l'âme vagabonde par-delà les appartenances nationales. Elle est plus apte à manifester les douleurs et les allégresses qui sont le lot de toute destinée humaine en exil sur terre, quand le chant patriotique exalte malheureusement parfois une ardeur de conquête guerrière.

Lors de la Semaine sainte à Séville, dans toute la ville, chaque jour, des processions se rendent à la cathédrale. La foule, la mine solennelle, un peu hébétée par le réveil matinal, s'attroupe dans et devant chaque église d'où sortent des cortèges de pénitents qui portent à dos d'hommes des autels représentant différentes scènes de la Passion. Parmi cette foule, des Sévillans, des touristes de toutes nationalités, des croyants et des non-croyants, se pressent dans la rue pour se recueillir ou admirer ces cortèges accompagnés d'une musique, d'un silence. Au passage de l'un des autels apparaît soudain à un balcon un chanteur ou une chanteuse dont la *saeta* monte telle une prière, une louange plaintive. Est-ce parce qu'on sent au tremblement de sa voix que celle-ci peut se briser à chaque instant que l'on est bouleversé ? Ou bien parce que son chant semble répondre à un appel qui vient de plus loin que lui ? Pour décrire cette émotion si singulière, on ne peut que recourir à ce qu'en Espagne on appelle le *duende* et qui est intraduisible.

Lors d'un spectacle flamenco, le public n'est pas là pour assister à une performance technique ou à la démonstration du savoir-faire et de l'habileté d'un artiste, il est là pour autre chose : l'avènement du *duende*, qu'on pourrait qualifier, pour s'en rapprocher, d'une transe d'envoûtement, la quintessence de l'âme du flamenco. Nul mieux que le poète espagnol Federico García Lorca n'a saisi ces scènes de ferveur populaire suscitées par les artistes de flamenco qui savent qu'aucune émotion intense n'est possible sans le surgissement du *duende* :

> « Dans toute la musique arabe, danse, chanson ou élégie, l'arrivée du *duende* est saluée d'énergiques "Allah, Allah !", "Mon Dieu, mon Dieu !", si proches du "Olé !" des corridas. Et dans tous les chants du sud de l'Espagne, l'apparition du *duende* est suivie de cris sincères "Dieu soit loué !", cri profond, humain, tendre cri d'une communication avec Dieu par le biais des cinq sens, grâce au *duende* qui agite la voix et le corps de la danseuse. »

Il y a un *duende* grec, romain, juif, chrétien, arabe, baroque, gitan, noir, il y a autant de *duende* que de sens et d'accents tragiques, variables selon les cultures, leur ouverture à la mort et leur communication avec le divin. Lorca parle de ces artistes qui nous font oublier qu'ils jouent leur vie par leur chant, leur danse, hurlant, trépignant, blessés dans leurs corps et dans leur âme, mais souverainement vivants – loin des canons esthétiques du sublime ou de la belle mesure apollinienne.

Jouer sa vie est certes à la portée du premier imbécile venu prenant des risques inutiles. Mais l'artiste qui est habité par le *duende*, suscite une ferveur populaire, une émotion profonde et vitale, qui vient du spectacle de l'homme imparfait, de l'homme déchiré, de l'homme blessé que rien ne peut consoler, mais qui ne se brise pas à l'approche de la mort. Nous avons toujours un rapport d'amour fervent à la beauté qui va bien au-delà du plaisir d'agrément ou de satisfaction. « Olé ! » dit l'élan de la ferveur porté à son comble. « Olé ! », cette exclamation désigne que l'on est dans l'émotion absolue du transport fervent. Une manière de reconnaître et de saluer l'apparition éclatante de la beauté et l'opposition farouche au morbide.

Un désir de communion

Dans toutes manifestations de ferveur populaire, est présent un désir de communion, de dépassement des divisions, celles qui nous séparent des autres, mais aussi de nos propres divisions intérieures. Le désir de communion est ambivalent. Il peut revitaliser le sentiment d'appartenance à une communauté humaine. Mais il peut conduire à nier tout conflit social en refusant d'interpréter la société comme un champ de luttes, de rapports de force, en resserrant les rangs autour d'une unité de façade. Il est alors suspect de vouloir effacer les différences et les séparations pour se laisser bercer par le fantasme de ne faire plus qu'un, à l'image d'un corps unifié.

L'amour de la patrie est imprégné de cette conception de l'unité organique de la communauté qui incite à « faire corps ». Comme un emboîtement de poupées russes, l'unité de la patrie renvoie à l'unité de la famille qui elle-même renvoie à l'unité d'un corps qui relie entre eux chacun de ses membres. L'amour de la patrie transcende les divisions sociales, mais cela ne veut pas dire qu'il les ignore. Il est invoqué notamment en temps de guerre, pour recréer un sentiment d'unité nationale. Il peut s'exprimer également sous la forme d'une nostalgie lorsque l'on est en exil, éloigné de son pays. Le désir de revitaliser le vivre-ensemble s'exprime par la volonté de refonder une communauté organique comme une réponse prémoderne à la tristesse de l'isolement des individus et de la fragmentation de la société. Nous avons la nostalgie d'une communauté comme corps.

Ce désir de faire corps est célébré dans les démocraties contemporaines lors de moments exceptionnels pour manifester l'unité de la communauté, exprimer une forme de solidarité et de fraternité entre les citoyens supérieure aux divisions. Le modèle organique de la communion, l'image de la communauté comme corps sont convoqués dans des moments de deuil et de fête qui sont des trêves dans les divisions courantes, dans les conflits d'intérêts et de classes. Ces moments de ferveur collective remettent en scène des rituels de communion « laïcs » ou « religieux », esquisses d'une fraternité effective. Et ceci est d'autant plus vrai que les lieux officiels de communion sont affaiblis et apparaissent comme trop figés pour faire place à la ferveur collective – les rites de la République et de l'Église.

Ces moments exceptionnels de fraternité sont des périodes de trêve qui se manifestent par des rassemblements populaires spontanés dans le partage des larmes ou de la joie : pensons à l'ampleur des manifestations lors des attentats en 2015 ; ou bien lors de la victoire de l'équipe de France de foot en 2018. Dans la communion fraternelle, on fait l'expérience que ce qui nous unit est plus fort que ce qui nous divise, sans que les divisions disparaissent pour autant. Le désir de communion manifeste alors ce que je peux être par sentiment de fraternité, alors même que précisément je ne le suis pas. Le sport est un des lieux privilégiés où s'investit le désir de communion nationale : ce qui vaut pour l'équipe de France vaut pour toute la France. Je me réjouis de la victoire d'une équipe sans connaître les joueurs. De même, je pleure les victimes d'attentats dont j'ignore parfois le nom et le visage.

Faut-il se méfier de cette ferveur populaire dans la célébration de la victoire ou dans le deuil ? Ou bien se réjouir que de mystérieux ressorts rendent possible cette communion collective ?

Le désir de communion porte à lutter contre un esprit de division qui menace le corps politique de déchirures (guerre civile, affrontements communautaires ou ethniques) ou d'éclatement (le chaos). Il exprime alors une manière plus forte d'être ensemble que la simple coexistence. Coexister, c'est exister côte à côte. C'est une manière de vivre qui tolère l'autre, lui fait une place, sans avoir besoin de le comprendre. Ce n'est déjà pas si mal et c'est l'expérience démocratique du vivre-ensemble la plus fréquente. La communion va plus loin que cette simple coexistence : elle est dans une vibration commune, cette ferveur collective que partagent les personnes en assemblée, leur permettant de se penser et de se vivre comme si elles ne faisaient plus qu'un alors même qu'elles sont différentes. Nous savons à quel point cette visée est difficile. Elle a le mérite de distinguer la communion sous la forme de l'unité fusionnelle et la communion sous sa forme la plus élevée, celle d'une unité respectueuse de la pluralité et des séparations. Sa force est de penser « l'union dans la différence », pour reprendre une expression de Michel de Certeau, c'est-à-dire une union respectueuse des singularités. L'union prend ainsi le visage de la multitude.

Mais ce désir de communion est fragile car il peut basculer dans la fusion grégaire, l'agglutinement des individus dans une masse indistincte ; alors il absorbe les singularités, au point de rejeter tout esprit critique et d'exclure comme des parias ceux qui ne font pas partie du corps de la communauté. Sous prétexte de sauver l'unité de la communauté ou du clan, le désir de communion peut exclure (excommunier) et condamner à mort tous les agents de la division : l'unité des frères s'accomplit alors dans la désignation et le rejet des ennemis.

Une philosophie fervente

Un cœur de chair

L'organe de la ferveur est « le cœur de chair » dont parle le livre d'Ézéchiel dans la Bible, ce cœur nouveau qui remplace le cœur de pierre. La ferveur relève de l'élargissement d'un cœur croyant et aimant. La raison philosophique a certainement un rôle à jouer dans sa critique, comme dans sa reconsidération. Soit elle rejette la ferveur du côté de l'irrationnel et de l'aliénation. Soit elle considère que le besoin de croire et d'aimer est fondamental. Dans cette perspective, elle peut s'intéresser aux ressources vitales et spirituelles que mobilise la ferveur.

Une philosophie fervente est sollicitée par ce qui excède sa capacité d'enveloppement et de maîtrise. Dans cet exercice d'ouverture, elle apprend à être sensible à ce qui dépasse sa mesure, comme témoignage de la profondeur d'une réalité insaisissable. La référence à Pascal est incontournable pour qui entend faire une place à la ferveur et rompre avec un rationalisme étriqué. Car le cœur est chez Pascal le principe de la vie spirituelle, l'organe de la ferveur. Selon lui, l'expérience religieuse relève du cœur et on tombe dans une impasse dès que l'on cherche des preuves de l'existence de Dieu. Il n'y a pas de preuves de l'existence de Dieu, comme il n'y a pas de preuves de l'amour.

La ferveur religieuse, la ferveur amoureuse et la ferveur populaire convergent parce qu'elles s'alimentent à cette même source qui dilate le cœur pour nous élever au-dessus de nous-mêmes, de nos étroitesses, de nos petitesses, de nos aveuglements. L'une et les autres manifestent une expansion des frontières intérieures et un élargissement de soi. L'une et les autres reposent sur un même élan de confiance et d'abandon de soi sans lequel aucune relation ne peut tenir. Aussi sont-elles empreintes d'une inquiétude spirituelle irréductible : elles ne peuvent se reposer sur aucune certitude.

Dans l'expérience de la ferveur, la raison s'ouvre à ce qui l'excède et ne cesse de la provoquer, sans l'obliger à abdiquer. La raison philosophique permet de relancer la ferveur, en faisant la critique du fanatisme religieux et d'une adoration-idolâtrie instrumentalisée bien au-delà du domaine religieux. La ferveur est ce qui reste d'un héritage abrahamique dans la philosophie : la reconnaissance d'un élan ou d'un désir qui vient de plus que soi. De cette confrontation entre la raison et la ferveur naît la possibilité d'un dépassement de la présomption rationaliste de maîtrise et de l'adhésion religieuse dogmatique. Nul mieux que Paul Ricœur n'a pensé cette tension nécessaire de la critique et de la conviction, comme d'une lutte amoureuse où chacune des deux parts apprend à faire place en elle à ce qui la dérange et l'excède. Nul mieux que lui n'a su décrire la ferveur d'une existence portée au-delà d'elle-même, qui ne réclame rien d'autre qu'une attention à la vie, aucun après. La ferveur d'une existence qui se définit par son accueil et son affirmation de la vie, par sa force de mobilisation et de générosité :

« Au creux même de ma propre conviction, de ma propre confession, je reconnais qu'il y a un fond que je ne maîtrise pas. Je discerne dans le fond de mon adhésion une source d'inspiration qui, par son exigence de pensée, sa force de mobilisation pratique, sa générosité émotionnelle, excède ma capacité d'accueil et de compréhension. »

Un antidote au cynisme et au nihilisme

Quel peut être encore le sens de la ferveur dans une ère qualifiée de nihiliste où s'est largement diffusée l'idée de « la mort de Dieu », de « la fin de l'amour », et où la raison cynique est de bon aloi ? Sans doute avons-nous perdu le terreau d'une ferveur élémentaire dont il ne reste plus guère que des formes dégradées ou infantiles dont nous ne voulons pas être dupes. Des romanciers emblématiques de notre époque comme Emmanuel Carrère ou Michel Houellebecq en témoignent lorsqu'ils écrivent sur leur difficulté à croire et à aimer.

La ferveur telle qu'elle s'exprime dans le mouvement de l'amour et de la foi est une invitation à tenir le cap de l'autre, sans supprimer la distance qui nous en sépare, en acceptant son altérité. La révélation abrahamique, qu'elle soit juive, chrétienne ou musulmane, conduit à l'expérience de la ferveur parce qu'elle ouvre à cette expérience de la transcendance et de l'altérité. La confession de foi et l'aveu de l'amour relèvent d'un même mouvement d'abandon de soi. C'est une expérience vertigineuse qui consiste à aller vers soi en passant par l'autre. La ferveur dans la foi comme dans l'amour est un défi qui paraît contradictoire avec le souci contemporain de maîtrise et d'autonomie, avec le désir aussi d'entretenir un rapport apaisé à soi-même et au monde, loin des agitations et des inquiétudes de la passion. Une forme d'amour romantique et une forme d'ardeur mystique nourries par le don de soi et l'exaltation poétique sont peut-être en train de disparaître de notre culture. Pourtant, dans les expériences ordinaires d'abandon de soi qu'ils permettent de faire, la foi, toutes confessions confondues et sans appartenance confessionnelle même, la foi comme élan et l'amour sont des marques de courage et de vitalité de l'esprit.

On doit à la ferveur des émotions fortes qui font battre le cœur et qui rendent la vie passionnante. Pour s'engager, il faut une telle force passionnelle qui nous incline d'un côté plutôt que d'un autre sans attendre de raison, et parfois contre toute raison. La ferveur est un surcroît de vitalité conquis de haute lutte sur la menace d'anesthésie et d'extinction du désir de vivre. Elle s'oppose à l'indifférence, au devenir froid, sans affect, le corps comme vitrifié et l'âme repliée sur une intériorité qui ressemble à une coquille vide. Cela peut être une tentation pour ne plus s'exposer à la souffrance. Faire le mort en quelque sorte, devenir mort-vivant.

La ferveur manifeste qu'il y a quelque chose en l'homme qui dépasse l'homme et que demeure une transcendance, en dépit de toutes les formes de désenchantement et de mélancolie. Cette transcendance est de l'ordre de l'indémontrable et de l'indicible. Ce dont témoignent les mystiques dans leur invention d'une littérature des confins. Mais aussi, à leur suite, plus bruyantes et désordonnées, les foules ferventes dans leurs hymnes de communion.

La menace de destruction massive, dont les guerres du XXe siècle furent les premiers symptômes, appelle un sursaut de ferveur pour aider l'humanité à ne pas s'effondrer. Le déficit de ferveur nous place devant une inquiétude morale et spirituelle, celle de savoir si finalement nous voulons continuer à vivre ou pas. La ferveur seule peut nous hausser au-delà de nous-même et nous faire accéder à une intensité existentielle. Elle soutient la volonté et l'intelligence, elle les vivifie, elle les fertilise. C'est une force propulsive, individuelle et collective, qui permet à l'humain de se restaurer et de se réinventer à différents moments de son existence. Elle accroît notre attention à la vie en nous y attachant plus profondément. Quand elle manque, l'attention à la vie diminue, la volonté de vivre fléchit.

Car la ferveur est une intensification de la volonté de vivre. La crise dont souffre l'époque contemporaine est moins une crise de la raison ou une crise de la foi, qu'une crise de l'élan qui anime la volonté de vivre, qui pousse un corps à se déployer et une âme à s'ouvrir. La perte du dynamisme vital conduit à rechercher des expériences radicales, des sensations fortes pour raviver notre rapport au monde. La volonté seule ne suffit pas. Elle manque de force à vouloir. Elle a besoin de l'élan de la ferveur pour se mouvoir et s'émouvoir, pour se mettre en branle. Pour croire encore. Pour aimer encore.

Seule une philosophie fervente, vraiment amoureuse de la sagesse et de la vie, est capable de vivifier l'homme ainsi que Bergson l'avait bien compris :

> « L'humanité gémit, à demi écrasée sous le poids des progrès qu'elle a faits. Elle ne sait pas assez que son avenir dépend d'elle. À elle de voir d'abord si elle veut continuer de vivre. À elle de se demander ensuite si elle veut vivre seulement, ou fournir en outre l'effort nécessaire pour que s'accomplisse, jusque sur notre planète réfractaire, la fonction essentielle de l'univers, qui est une machine à faire des dieux. »

Il s'agit là des derniers mots des *Deux sources de la morale et de la religion*, la dernière grande œuvre de Bergson. En cela proche de Pascal, Bergson affirme que la raison et la volonté sont insuffisantes, il faut un élan du cœur – ce qu'il désigne par « l'émotion créatrice » et que j'appelle la ferveur. Cet élan du cœur entraîne la personne et lui insuffle une vitalité pour agir et pour se hausser au-delà d'elle-même. Cette émotion est foncièrement religieuse – terme que j'ai utilisé tout au long de ce livre dans un sens non confessionnel, indépendamment de tout dogme ou d'une théologie particulière – parce qu'elle est le fait d'une âme qui s'ouvre et dont l'ouverture est une promesse de dépassement d'elle-même en direction d'une transcendance. Elle signifie qu'il n'y a d'accomplissement de soi que dans une dynamique créatrice qui ouvre à plus grand que soi, et qui pousse à transformer le réel, à se transformer soi-même. En ce sens, elle s'oppose à l'attente passive d'un au-delà ou d'une vie supraterrestre.

Renvoyer la ferveur à une émotion prémoderne dont il faut se méfier est souvent le premier mouvement de ceux qui redoutent les embrasements des cœurs dans la vie affective comme dans la vie collective. Mais par peur des incendies passionnels, ils ne voient pas qu'ils se privent alors d'une flamme vitale pour agir, créer, penser. La ferveur n'appartient pas seulement à l'ancien monde religieux, aux idéaux de la chevalerie, de la mystique et du romantisme.

La modernité tardive qui succède à la Première Guerre mondiale n'est pas exempte de ferveur même si elle en bouleverse la signification. La ferveur devient alors une alliée possible de la raison sans laquelle celle-ci se dessécherait.

Le pas de côté de l'ironie

On dit la ferveur naïve, sans recul critique. Ceci n'est pas complètement faux. L'amoureux ou le croyant fervent sont ce qu'ils sont, entièrement dans leur passion, dans l'adhésion à ce qui les réjouit. Ils sont comblés et ne connaissent que le premier degré de la joie, une joie simple. Ils ne manquent de rien ? Peut-être d'un peu de distance et de détachement. Ce pas de côté que permet une légère ironie. Contrairement au cynisme, l'ironie n'empêche pas la ferveur, mais elle la tempère ou la réserve à des moments exceptionnels – des moments « sacrés ». L'ironie est le contrepoint nécessaire de la ferveur pour qu'elle ne soit pas dévoyée en idolâtrie ou en adoration niaise. Elle est une purification de l'amour et de la foi par l'apprentissage de la distance et du détachement.

J'ai mis du temps à m'en rendre compte. Car pourvue d'un caractère enthousiaste et passionné, j'avais une inclinaison pour les expériences de ferveur. Je m'y suis souvent égarée. Je n'ai eu accès à l'ironie que tardivement, alors que je l'ai vu poindre avec joie chez mes enfants dès 7 ou 8 ans, à l'âge de raison. Je me souviens du choc éprouvé en classe de philosophie lors de la lecture d'un dialogue de Platon où Socrate, maître en la matière, faisait preuve d'ironie. Je me demandais alors s'il ne se moquait pas du monde. Il m'a bien fallu un trimestre pour comprendre que son enseignement invitait à une distance et à un détachement qui peuvent être libérateurs.

Le travail conjoint de la ferveur et de l'ironie vaut aussi pour la ferveur religieuse. Abraham qui est, selon les mots si bien choisis de Søren Kierkegaard, une figure du « chevalier de la foi », celui qui croit au risque de l'absurde, est d'autant plus capable d'ironie, pour reconnaître et dire qu'il ne sait pas, pour consentir à la part d'inconnu et d'imprévu que comprend chaque destinée.

Sans doute ne peut-on être fervent et ironique en même temps – il y a des moments propices à la ferveur et d'autres où l'ironie est bienvenue. L'ironique n'aime qu'avec une part de lui-même : il ne sait pas se donner entièrement. Il risque de papillonner, là où la ferveur succombe à l'ivresse de la passion et de l'abandon de soi. Il y a un absolutisme et un exclusivisme passionnel qu'ignore l'esprit de légèreté et de souplesse de l'ironie. L'ironie aide à briser les idoles. Elle est la marque d'une conscience avertie qui sait que l'adoration ne peut pas durer et qui sait surtout comment l'idolâtrie finit (mal) et entend ne pas être dupe. Elle équilibre notre penchant à la confiance qui, lorsqu'il n'a pas de limite, verse dans la crédulité.

Ferveur et ironie, parce que relevant de logiques différentes, gagnent ainsi à cohabiter. La ferveur adhère avec passion, elle est aimantée par une transcendance, quand l'ironie introduit de la distance et du jeu. Sans ironie, comment ne pas succomber à une adhésion béate ou à une crédulité mal placée ? Mais sans ferveur, l'ironie tourne aisément au cynisme.

Je rêve d'un monde délivré de l'idolâtrie, mais surtout pas d'un monde sans ferveur. Je rêve d'un monde où la ferveur n'apparaîtrait plus comme une bizarrerie dangereuse ou une relique du passé, mais comme une expérience humaine fondamentale. J'ai voulu revisiter les conditions de possibilité d'une ferveur comme affirmation d'un amour inconditionnel de la vie. Les grands mystiques et les poètes sont des aides précieuses, car l'effort même de leur vie fut de ne pas se laisser prendre aux pièges de l'idolâtrie et de l'idéalisation. Une ferveur sans fanatisme. Une adoration sans idolâtrie. Leurs écrits ne manquent ni d'esprit critique, ni d'une légère ironie.

Qu'est-ce que ça change la ferveur ? Eh bien sans elle, notre vie manquerait d'audace, d'élan et de chaleur. Elle manquerait d'explorateurs intrépides, de pédagogues enthousiastes, de ces initiateurs et de ces entraîneurs capables de donner à voir ce qui dans notre héritage n'a pas été encore vu, d'imaginer des voies nouvelles. La ferveur requiert une expression passionnée de soi, où chacun est le plus vivant, le plus créateur et le plus relié aux autres. Le défaut de ferveur se traduit presque toujours par un refus de la vie, par une attitude de fermeture, comme si l'accès à la source de ce qui nous fait vivre était obstrué.

Puisses-tu aimer et croire d'un cœur fervent, d'un cœur bouillonnant, ne serait-ce que quelques instants qui, rassemblés au cours d'une vie, en constitueraient sa part de lumière et de chaleur, sa part la plus vive en quelque sorte. C'est ce que je te souhaite, ami lecteur. Puisses-tu connaître la ferveur qui t'emporte, là où tu n'aurais jamais songé à aller ; la ferveur qui transforme et qui ouvre, alors même que tu pensais que tout était mort, sans élan ni avenir ; la ferveur qui rassemble et unit nos solitudes dans son étrange cortège de mendiants et d'adorants.

Dettes

AUGUSTIN (SAINT), *Les Confessions* [397-401], Flammarion (GF-Philosophie), 1964

Georges BATAILLE, *L'érotisme*, Minuit, 1957

Henri BERGSON, *Les deux sources de la morale et de la religion* [1932], PUF, 2013

Henri BERGSON, *Sur le pragmatisme de William James* [1911], PUF, 2011

Michel DE CERTEAU, *L'étranger ou l'union dans la différence* [1969], Seuil (Points Essais), 2005

Alain CUGNO, *Jean de la Croix ou le désir absolu*, Albin Michel, 2019

JEAN DE LA CROIX, *La vive flamme d'amour* [1584-1585], Seuil (Points Sagesse), 1995

André GIDE, *Les nourritures terrestres* [1897], Gallimard (Folio), 1972

Søren KIERKEGAARD, *Crainte et tremblement* [1843], Aubier Montaigne, 1946

Jean-Luc NANCY, *L'adoration*, Galilée, 2010

Friedrich NIETZSCHE, *Par-delà bien et mal* [1886], Flammarion (GF-Philosophie), 2022

Friedrich NIETZSCHE, *La Naissance de la tragédie* [1872], Flammarion (GF-Philosophie), 2022

Blaise PASCAL, *Les pensées* [1670], Cerf, 1982

Federico García LORCA, *Jeu et théorie du Duende* [1930], Allia, 2008

Paul RICŒUR, *La critique et la conviction*, Calmann-Lévy, 1995

Jean-Jacques ROUSSEAU, *Les Confessions* [1782], 2 vol., Flammarion (GF-Philosophie), 2012

De la même auteure

Vertige de la dépendance, Bayard, 2021. Prix lycéen du livre de philosophie 2022

Une vie simple, Albin Michel, 2017 (avec Alexis Jenni)

Le geste de transmettre, Bayard, 2017

Peut-on croire à l'amour ?, Le Passeur (*Disputatio*), 2015 (avec Jean-Pierre Winter)

Éloges de l'épreuve, Albin Michel, 2014 (avec Sylvie Germain, Véronique Margron, Elena Lasida et Anne Lecu)

Sauver nos vies, Albin Michel, 2013

Éloge de la dette, PUF, 2012

La défaite de la volonté, Seuil, 2005 (avec Jacques Arènes)

La culpabilité, Armand Colin, 2002

L'éthique de la dette, PUF, 1997

Cet ouvrage a été composé par IGS-CP
à L'Isle-d'Espagnac (Charente, France)

Achevé d'imprimer en février 2024 par Corlet Imprimeur - 14110 Condé-en-Normandie
Dépôt légal : février 2024 - N° d'imprimeur : 24020104 - Imprimé en France